BEI GRIN MACHT SICH IHR
WISSEN BEZAHLT

- Wir veröffentlichen Ihre Hausarbeit,
  Bachelor- und Masterarbeit

- Ihr eigenes eBook und Buch -
  weltweit in allen wichtigen Shops

- Verdienen Sie an jedem Verkauf

Jetzt bei www.GRIN.com hochladen
und kostenlos publizieren

Bibliografische Information der Deutschen Nationalbibliothek:

Die Deutsche Bibliothek verzeichnet diese Publikation in der Deutschen National-
bibliografie; detaillierte bibliografische Daten sind im Internet über http://dnb.d-
nb.de/ abrufbar.

Impressum:

Copyright © 2001 GRIN Verlag, Open Publishing GmbH
Druck und Bindung: Books on Demand GmbH, Norderstedt Germany
ISBN: 9783656642541

Dieses Buch bei GRIN:

http://www.grin.com/de/e-book/13697/substanz-w-r-carter-1990-the-elements-of-
metaphysics-chap-4-substance

Erik Lautenschlager

**Substanz / W. R. Carter (1990), The elements of metaphy-
sics, chap. 4: Substance**

GRIN Verlag

Substanz

von

Erik Lautenschlager

Universität des Saarlandes
FR Philosophie
SoSe 2001

Proseminar: Einführung in die Metaphysik

Referat in schriftl. Form
Erstellt von: Erik Lautenschlager

W. R. Carter (1990), The elements of metaphysics, chap. 4:

Substance

In dem vorangegangenen Kapitel stellte Carter drei verschiedene Anschauungen in Bezug auf die Frage, was in der Welt existiert, vor: Zum einen den Materialismus, für dessen Anhänger nur Materie existiert, des weiteren den Idealismus, der davon ausgeht, daß nur Vorstellungen (Ideen) innerhalb unseres Geistes existieren und drittens den Dualismus, der eine Existenz von Materiellem, aber auch von Vorstellungen und Mischformen annimmt.

1. Moore's Commonsense Approach to Metaphysics

Im ersten Unterkapitel stellt er nun G. E. Moore's Beantwortung der ontologischen Frage vor. Der Begriff der Existenz wird zuerst so festgelegt, daß das, was existiert, als etwas gesehen wird, das zu unserem Universum gehört („belong to the universe"[1]), also tatsächlich Teil des Universums ist, das wir bewohnen. Carter stellt

---
[1] Carter, S.45

nun fest, daß es unzählige Dinge auf der Welt gibt, die auf die Liste der existierenden Dinge gesetzt werden müßten und, da eine solche Liste unendlich sein müßte, ist die Idee der Liste nicht umsetzbar. Es müßten Kategorien gefunden werden, die die existierenden Dinge klassifizieren, so daß eine Auflistung möglich wird. Allerdings führt diese Forderung zur Frage, wie solche Kategorien auszusehen haben, was sie ausmachen und wie Kategorien von einander abgegrenzt werden können. Sind blauäugige Polizisten der selben Kategorie zuzuordnen, wie braunäugige? Sind blauäugige korrupte Polizisten von der selben Kategorie wie blauäugige ehrliche Polizisten?

Moore schlägt zwei Kategorien vor: „material objects", deren Merkmal die räumliche Ausdehnung ist, und „states of consciousness", was als kausales Interagieren übersetzt werden könnte und sich durch Wahrnehmbarkeit auszeichnet. Moore glaubt zwar an eine Übereinstimmung dieser Einteilung mit der Vorstellung des „Commonsense", stellt aber selbst die Unzulänglichkeit seiner beiden Kategorien fest, die zwei existierende Phänomene des Universums vernachlässigen, nämlich Raum und Zeit. Carter argumentiert nun, daß es sich bei Moore's Liste, wenn diese Raum und Zeit ausschließt, um eine Liste von substanziellen Dingen handelt. Dann stellt sich allerdings die Frage, ob „states of consciousness" substanzielle Dinge sind. Carter verneint und legt wie folgt die Unvollständigkeit von Moore's Kategorien-Liste dar:

Warum sind zum einen die „acts of consciousness" in der Liste enthalten, wenn es sich um eine Liste der substanziellen Dinge handelt, zu denen diese nicht gehören und warum sind zweitens, wenn es sich nicht um eine Liste der substanziellen Dinge handelt, Raum und Zeit nicht auch in der Liste enthalten?

2. Aristotle's Primary Substance

Carter stellt fest, daß es neben den substanziellen Dingen auch nicht-substanzielle Dinge gibt, so z.B. der Duft eines Baumes.

Er greift nun auf Aristoteles Kategorien zurück, die er wie folgt zitiert:

> „A *substance* – that which is called a substance most strictly, primarily, and most of all – is that which is neither said of a subject nor in a subject, e. g., the individual man or the individual horse."[2]

---

[2] aus Aristoteles Kategorien, zit. in Carter, S. 48f

Carter ist vor allem an der Definition der primären Substanz interessiert, stellt aber in Frage, ob Aristoteles richtig definiert, in dem er nach Carter folgendes gesagt haben könnte:

(A1): x is a primary substance if and only if

x is neither in a subject nor can be said of a subject.

Angenommen, Alice ist ein „subject" und alles, was ihr zukommt, wie z.B. „temper, beauty, headache", sind keine primären Substanzen, kann man Alice dann als eine primäre Substanz sehen? Carter setzt hier ein Beispiel, das die Notwendigkeit, Aristoteles' Definition zu erweitern, belegen soll.

Wenn Alice Bürgermeisterin wäre, würde daraus folgen, daß Alice von einem bestimmten Subjekt gesagt werden kann - nämlich daß die Bürgermeisterin Alice ist. Alice kann nun nicht mehr als primäre Substanz im aristotelischen Sinn gelten, da Alice von etwas gesagt werden kann und dies im Widerspruch zu obiger Definition steht[3]. Alice nicht als Subjekt oder Substanz zu sehen, widerspricht aber dem Commonsense.

Carter erweitert also:

(A2) x is a primary substance if and only if

x is neither in a subject **other than itself** nor can be said of a subject **other than itself.**

Carter sieht Bürgermeisterin als Substanz oder „subject". Nach seiner Erweiterung der aristotelischen Definition, kann Alice weiter als Substanz gelten, was Carter wie folgt erklärt: Alice und Bürgermeisterin sind dasselbe Individuum, so Carter. Obwohl man sagen kann, daß Alice von einem „subject" gesagt werden kann – also, nach Aristoteles, nicht als primäre Substanz gelten darf – kann man nicht sagen, daß Alice von einem „subject other than itself" gesagt werden kann. Da Alice und Bürgermeisterin nach Carter keine unterschiedlichen „subjects" sind, also nicht „a subject other then itself", kann Alice, die Bürgermeisterin nach Carters Definition als primäre Substanz gelten.

Eigentlich ist Carter bisher zu keinem Ergebnis gekommen, er hat lediglich neue Bezeichnungen und Definitionen, auf Prämissen basierend, eingeführt.

3. Qualities

In diesem Unterkapitel setzt Carter weitere Prämissen. Obwohl er feststellt, daß Alice durch den Commonsense als Substanz qualifiziert wird, fragt er weiter, was ein Ding zur primären Substanz macht, doch diese Frage bleibt unbeantwortet. Er stellt allerdings fest, daß die Farbe „rot" (und damit alle Farben) keine Substanz sein kann, da sie von etwas gesagt werden kann[4].

Er setzt folgende Prämissen:

1.) Rot ist die Qualität eines substanziellen Dings
2.) Es gibt Qualitäten
3.) Es gibt substanzielle Dinge
4.) Substanzielle Dinge haben Qualitäten

Nun stellt sich aber die Frage, was Qualitäten sind. Ginge man davon aus, daß Qualitäten Konzepte sind, würde das nicht weiterhelfen, da dies nur zur Frage führt, was ein Konzept ist. Konzept wird als Idee gesehen, also als eine Vorstellung (von etwas), so Carter, während Substanzen unabhängig existieren, also Substanzen nicht logisch von der Existenz anderer Dinge abhängen. Konzepte hängen aber vom Geist ab und können daher keine Substanzen sein. Dies entspricht, nach Carter, auch der Auffassung Aristoteles.

Carter entwickelt nun eine neue Reihe von Prämissen anhand des Beispiels der Farbe „rot":

1.) „rot" ist ein Konzept im Geist und nicht außerhalb
2.) „Feuerwehrauto" ist ein substanzielles Ding außerhalb des Geistes
3.) „Feuerwehrauto" hat die Qualität „rot"
4.) Qualitäten sind Konzepte

Um einen Widerspruch zu vermeiden, muß eine der Prämissen als falsch gelten, denn es stellt sich die Frage, wie einem außerhalb des Geistes existierendem Ding ein im Geist existierendes Konzept zukommen kann.

Berkley (und mit ihm die Idealisten) würde Prämisse 2 ablehnen, während die Materialisten Prämisse 1 ablehnen müßten. Nach Carter ergibt sich für die Idealisten kein Widerspruch, wenn man reflektiert, daß Farben, als geistiges Konzept, einem

---

[3] „Since Alice can „be said" of a certain subject, it then might be concluded that Alice fails to satisfy the condition of substancehood that is posed by principle (A1)" ; Carter, S.49
[4] vgl. 2. (A1) und (A2), S.3

Feuerwehrauto zukommen, da für sie auch das Feuerwehrauto ein geistiges Konzept ist.

Aristoteles meine, so Carter, daß Qualitäten keine Substanzen sind, äußere sich aber nicht darüber, ob es sich um Konzepte im Geist handle oder nicht. Locke schreibe, daß „general words such as `red´ and `blue´ are signs of general ideas". Dies interpretiert Carter als Ansicht, daß `rot´ und `blau´ abstrakte Dinge („abstract things"[5]) seien, die nur im Geist existieren.

Carter schreibt weiter, „rot" müsse in der Außenwelt existieren, da es substanziellen Dingen zukommt, die in der Außenwelt existieren. Daher kann „rot" kein Konzept sein, wenn Konzepte nur im Geist existieren und weiter, wenn Beeren in der Außenwelt existieren, die rot sind, so muß auch rot in der Außenwelt existieren.[6]

4. Universalien

Nachdem betrachtet wurde, was Qualitäten nicht sind, stellt sich nun, nach Carter, die Frage, was sie sind. Er stellt fest, daß Moores Zweiteilung (material things vs. acts of consciousness) nicht ausreicht, um die Welt zu beschreiben, da Materie ohne Qualitäten nicht vorstellbar ist. Carter setzt hier Qualitäten als etwas determiniertes voraus, ohne festzumachen, was (außer Farben) unter den Begriff fällt.

Er benötigt diesen Begriff der Qualitäten für die folgende Definition. Nachdem er bemerkt, daß viele Philosophen bereits die Art oder Kategorie von Qualitäten reflektiert haben und feststellt, daß es durchaus möglich ist, sich einen roten Hut in New York und eine Krawatte mit dem selbem Rot in Boston vorzustellen, definiert er Qualitäten wie folgt als Universalien:

Wenn eine Qualität zur gleichen Zeit zwei oder mehr verschiedenen Dingen zugeordnet werden kann, die an unterschiedlichen Orten sind, dann sind es Universalien. Um eine Universalie zu sein, muß das Ding nicht irgendwo sein, sondern es muß an zwei Orten sein können oder sein.

Aus dem bisherigen ergibt sich dann:

---

[5] Carter, S.51
[6] Anm.: Allerdings ergibt sich kein Widerspruch, wenn man Farben als geistiges Konzept sieht, das durch Wahrnehmung im Geiste ausgelöst wird, und der außerhalb des Geistes existierenden Substanz zuspricht, als Qualität etwas an sich zu haben, das als externer Auslöser der Wahrnehmung des geistigen Konzeptes der Farbe funktioniert.

Individuelle Substanzen[7] (S) sind keine Universalien (U); Qualitäten (Q) sind Universalien. Daher kann eine individuelle Substanz (S) auch keine Qualität (Q) sein. Also: S≠U und Q=U daher S≠Q.

Doch nicht alle Universalien sind Qualitäten. Shakespeares Werk „Hamlet" gilt als Universalie, da es an verschiedenen Orten gleichzeitig existent ist oder sein kann. Aber Hamlet ist keine Qualität, die einer Substanz zukommen kann[8]. Und Hamlet ist von Menschen geschaffen.

Daraus folgert Carter, daß zum einen nicht alle Universalien Qualitäten sind und außerdem, daß Qualitäten nicht von Menschen geschaffen sind.

5. Prädikations-Argument

Carter stellt fest, daß, wenn wir z.b. von einer Rose sprechen, wir nicht sagen können, was es ist, von dem wir sprechen. Das Wort „Rose" bezeichnet etwas, von dem wir nur mit eben diesem Wort sagen können, was es ist, oder dem wir Qualitäten (wie „This rose is red" etc.) zuordnen, um es zu charakterisieren, aber auch um es zu identifizieren, denn auf die Frage, was eine Rose ist, wird jeder (der Rosen kennt) antworten, daß es sich um meist rote Blumen mit Stacheln etc. handelt. So kommt es zu Prädikationsaussagen, die zum Ausdruck bringen, daß z.B. eine gewisse Substanz x „rot" „ist". Das Verb „ist" kann in einer solchen Aussage nicht als Gleichsetzung der Substanz mit „rot" gesehen werden, da es logisch falsch wäre zu sagen: Substanz x = Qualität „rot"; denn, wie vorhin schon festgestellt wurde, sind Substanzen und Qualitäten an sich verschieden. Ebenso sagt Carters Beispiel „this rose is red" nichts über die Rose als Substanz aus, sondern ordnet ihr nur die Qualität „red" zu.

---

[7] Carter verwendet nun den Begriff „individuelle Substanz, wo er vorher Aristoteles Terminus „primäre Substanz gesetzt hat.
[8] Man sollte hier in Betracht ziehen, daß es sich in dem Fall, in dem ein Schauspieler „Hamlet" spielt, ähnlich verhalten könnte, wie beim Beispiel von Alice, der Bürgermeisterin, was weitere unbeantwortete Fragen mit sich zöge, wie z.B. ob Hamlet als Universalie nicht auch eine Substanz sein kann etc.

Aussage 1:	**This rose**	**is**	**red**
		Qualität/Universalie	
	Individuelle Substanz	NICHT individ. Substanz	

Aussage 2:	**Alice**	**is**	**mayor**
	Individuelle Substanz	Individuelle Substanz	

Carter bringt ein zweites Beispiel, das dem vorherigen auf den ersten Blick zu gleichen scheint. Allerdings handelt es sich bei Aussage 2 um eine Identitätsaussage.

In einer solchen Aussage stehen nicht Substanz auf der einen und Qualität auf der anderen Seite des „ist", sondern zwei Substanzen werden tatsächlich einander gleichgesetzt.[9]

Abschließend läßt sich sagen, daß keine der beiden Aussagen, weder Prädikationsaussage, noch Identifikationsaussage Aufschluß über Substanz an sich gibt. Carter meint, daß Prädikationsaussagen nicht darüber Aufschluß geben, worauf sich im obigen Beispiel die Bezeichnung „this rose" bezieht, sondern nur auf deren Eigenschaften verweisen.

Um zum nächsten Unterkapitel überzuleiten, zitiert Carter Locke, der meinte, Substanz wäre im common sense „a supposition of [one] knows not what support of qualities"[10]. Carter selbst schreibt weiter, beim Beispiel der Rose verweilend, daß diese viele Qualitäten habe, mit denen sie aber nicht gleichzusetzen sei.

6. Russels Bündel-Theorie

Um sich nicht mit der eher unbefriedigenden Aussage Locke's abfinden zu müssen, stellt Carter nun eine Idee Bertrand Russels vor, der Substanzen als Bündel ihrer Eigenschaften definiert. Wenn sich ein Footballteam aus verschiedenen Spielern

---

[9] Anm.: Wenn Carter schreibt, daß bei einer solchen Identifikationsaussage zwei identische Dinge gleichgesetzt werden, müßte er zumindest die Einschränkung machen, daß Alice = Mayor nur zum Zeitpunkt A am Ort B gilt, da ein bestimmter Bürgermeister doch wieder als etwas anderes zu sehen ist, als „Bürgermeister" an sich als Amt und ohne präzise Person, die dieses Amt trägt. So kann Carter auch für die folgende Formulierung kritisiert werden: „Since the mayor *is* Alice, there is nothing more to the mayor than Alice and nothing more to Alice than the mayor". (Carter, S.55) Diese Aussage ist so nicht haltbar, denn Alice ist auch „Tochter", vielleicht „Mutter", vielleicht „blau-„ oder „braunäugig" etc., was alles nicht mit dem Bürgermeisteramt identifizierbar ist.

[10] Locke zit. in Carter, S.55

zusammensetzt, warum kann dann, so fragt Carter, nicht „an individual substance be analyzed as nothing more than all and only the qualities this substance `has´?"[11]. Er erklärt diese Theorie am Beispiel eines Basketballteams, in dem zehn Spieler spielen. Also spielt z.b. Spieler 1 im Team der Celtics. Er fragt nun, was es ist, worin Spieler 1 spielt, denn das Celtic-Team kann nicht mit Spieler 1 identifiziert werden. Carter stellt fest, daß es sich beim Team um eine Ansammlung von Spielern handelt, eine Art Bündel der zehn Spieler, das das Team ausmacht und es so keine mysteriöse Entität mehr ist, von der, wie Locke sagte, man nicht genau wisse, was sie sei. So verhielte es sich auch bei Russels Theorie, so daß eine Rose nichts anderes ist, als das Bündel der ihr zugeordneten Eigenschaften (Qualitäten). Trotz des Sprachgebrauchs, wie beim Basketballteam, zu sagen, Spieler spielen *in* einer Mannschaft, oder bei Rosen, daß diese rot *sind*, kann man, so Carter, nicht davon ausgehen, daß ein Team oder eine Rose etwas anderes sei, als eben die Ansammlung von Spielern bzw. Qualitäten.

Daraus folgt, daß Substanz ohne jegliche Qualität unvorstellbar wäre. Substanzen können nicht existieren, solange keine Qualitäten existieren. Also bedarf die Existenz von Substanz der Existenz von Qualitäten. Wenn aber, so Carter, die Existenz eines x die Existenz mind. eines y erfordert, dann ist wahr, daß y Bestandteil(e) von x ist (sind). So kann man also sagen, daß sich Substanzen aus Qualitäten zusammensetzen.

Daß eine Rose aus Qualitäten zusammengesetzt ist, heißt aber nicht, daß eine Rose ein Bündel von Ideen (Vorstellungen) ist oder aus Ideen besteht, da Qualitäten außerhalb und unabhängig vom Geist existieren.

Carter stellt aber auch das Problem der Bündeltheorie klar heraus, indem er folgende zwei Prämissen gegenüberstellt:

       1.) Qualitäten sind ungleich Substanzen

       2.) Substanzen setzen sich aus Qualitäten zusammen.

Es stellt sich die Frage, ob ein Konstituierendes (y), also die Bestandteile oder Bauteile, vom Konstituierten (x), also von dem, was sie zusammensetzen, kategorisch verschieden sein kann. Carter schreibt (und begründet seine Meinung mit Intuition) mit diesem Argument könne die Bündeltheorie nicht angegriffen werden,

---

[11] Carter, S.56

da es sein kann, daß x sich aus y(1+y2+y3 etc.) zusammensetzt, obwohl x und y nicht gleich sind (x≠y).

7. Argumente gegen die Bündeltheorie

Carter bezweifelt die Richtigkeit von Russels Annahme, daß ein Individuum (oder individuelle Substanz) durch das Bündel der Eigenschaften, die ihm zukommen, identifiziert werden kann. Er versucht dies am Beispiel eines Baumes zu illustrieren, dem im Frühjahr teilweise andere Qualitäten zugeordnet werden, als im Herbst. Während der Baum im Herbst z.b. gelb ist, ist er im Frühjahr grün. Man könnte formulieren, daß dem Baum im Herbst die Qualität „gelb" (yellowness) zukommt, allerdings nicht die Qualität „grün" (greenness). Im Frühjahr verhält es sich genau umgekehrt. Das Bündel von Qualitäten ist also im Herbst unterschiedlich vom Bündel der Qualitäten im Frühjahr. Nun stellt Carter die Frage, ob das „Herbstbaum-Bündel" und das „Frühlingsbaum-Bündel" sich auf ein und denselben Baum beziehen können, also ob zwei durch die Qualitäten-Bündel verschiedene Dinge ein Ding sein können, obwohl nach Russels Theorie nur ein Ding einem Bündel von Eigenschaften entspricht. Dies widerspräche der Logik. Anhänger der Bündeltheorie würden dem Einwand entgegenhalten, daß sich Dinge innerhalb von Zeitperioden verändern und dies nicht die Theorie an sich in Frage stellt.

Man könnte auch argumentieren, daß ein Baum die Qualität hat im Herbst gelb zu sein und im Frühjahr zu grünen, so daß sich nur ein einziges Bündel für ein einziges Ding ergebe.

Carter führt einen zweiten Einwand gegen die Bündeltheorie an: Wenn, nach Russel, es für jede individuelle Substanz ein Bündel von Qualitäten gibt, kann ein solches Bündel auf zwei Substanzen zutreffen? Nach Russels Theorie kann dies nicht der Fall sein.

Carter jedoch bejaht, und nennt als Beispiel, man könne sich zwei identische Eifel-Türme vorstellen, einen in Paris und einen in Texas.

Nun meint Carter weiter, wenn dies tatsächlich vorstellbar wäre und somit ein Bündel von Eigenschaften auf zwei verschiedene Substanzen zuträfe, so muß die Bündeltheorie falsch sein, da sie besagt, das ein Bündel nur eine Substanz zusammensetzt.

Carter vernachlässigt allerdings den Unterschied der beiden Bündel, nämlich die Qualitäten „in Paris sein" und „in Texas sein" , d.h. er geht fälschlicherweise davon aus, daß zwei nicht identische Substanzen identisch sind.

Als dritten Einwand und als Überleitung zum nächsten Unterkapitel nimmt Carter eine Welt mit zwei gleichen Sphären und absolut gleichen Qualitäten an. Dies sei, so Carter, theoretisch vorstellbar. Daraus ergibt sich ein Problem für die Bündel-Theorie, da diese Substanzen anhand der Bündel von Qualitäten identifiziert und so auch unterscheiden will. Solange aber zwei Substanzen (in diesem Falle Sphären) mit identischen Bündeln vorstellbar sind, kann die Theorie nicht korrekt sein. Diesem Einwand kann entgegengesetzt werden, daß man einen äußeren Punkt bräuchte, um sich zwei Sphären vorzustellen, somit gäbe es einen Unterschied der beiden Sphären allein durch den Ort an dem diese Sphären existieren, denn zwei gleiche Sphären am selben Ort sind nicht vorstellbar. Damit sind die Bündel der beiden Sphären nicht identisch und Carters dritter Einwand ist entkräftet.

8. Alternative zur Bündel-Theorie

Carter führt nun den transitiven Begriff des Teilhabens ein. Folgende drei Prämissen erklären, wie „Teilhaben" zu verstehen ist:

(1)   x hat y als Bestandteil   (y hat Teil an x)
(2)   y hat z als Bestandteil   (z hat Teil an y)
(3)   x hat z als Bestandteil   (z hat Teil an x)

Angenommen, Jills Hut rot ist, so ist Rot als Universalie Teil von Jills Hut; daher muß alles, was am Universal Rot Teil hat auch an Jills Hut Teil haben.

Und wenn nun gesagt wird, Rot ist in Wyoming, also Rot hat die Qualität in Wyoming lokalisiert zu sein so folgt nach oben gesagtem daraus:

(1) Rot hat die Qualität in Wyoming lokalisiert zu sein
(2) rot ist eine Qualität von Jills Hut
(3) In Wyoming lokalisiert zu sein ist ein Teil von Rot
(4) In Wyoming lokalisiert zu sein ist ein Teil von Jills Hut

Wenn nun aber Jills Hut in Boston ist, dann zeigt das, daß die Qualität a einer Qualität A, die einer Substanz zukommt, nicht unbedingt die Qualität einer Substanz sein muß.

Es ist also nach Carter falsch „Qualitäten haben" im Sinne von „Teil haben" zu interpretieren, denn es ist nur richtig zu sagen, Jills Hut hat die Qualität rot zu sein. Jedoch meint Carter es wäre falsch zu sagen, die Qualität „rot sein" habe Teil an Jills Hut. Dieses Beispiel spräche, so Carter weiter, gegen den Vorschlag, Substanzen mit Bündeln von Eigenschaften zu identifizieren.

Carter versucht sich mit weiteren Beispielen an eine Definition von Substanz und Qualitäten heran zu tasten. So schreibt er, daß z.B. ein Lächeln niemals ohne jemanden existieren kann, der lächelt (ebenso wie Unglücklichkeit etc.). Carter schreibt, daß Qualitäten an sich nicht unabhängig existieren können, daß sie immer ein Subjekt (eine Substanz) benötigen, dem (denen) sie zukommen. Weiter schreibt er, daß auch im Commonsense die Meinung gelte, daß Qualitäten subjektabhängig sind und dies zeigen würde, daß die Bündeltheorie nicht richtig sein kann, da das, wovon die Qualitäten abhängen nur schwerlich auf ein bloßes Bündel von Qualitäten reduziert werden könne. Allerdings, so gesteht Carter zu, führt dies nicht viel weiter und die anfänglich gestellten Fragen, was Substanzen und später, was Qualitäten sind, bleiben am Ende des Kapitels offen.

BEI GRIN MACHT SICH IHR
WISSEN BEZAHLT

- Wir veröffentlichen Ihre Hausarbeit,
  Bachelor- und Masterarbeit

- Ihr eigenes eBook und Buch -
  weltweit in allen wichtigen Shops

- Verdienen Sie an jedem Verkauf

Jetzt bei www.GRIN.com hochladen
und kostenlos publizieren